Le Recueil d'Objectifs

Réalisez vos rêves !

Alexandre CAUCHOIS
Fabien MSICA

Le Recueil d'Objectifs

Réalisez vos rêves !

www.mlm-heros.com

Retrouvez les ouvrages et outils de la
Collection MLM Héros sur :

www.mlm-heros.com

« Il n'y a pas de passion à jouer petit, à viser une vie moindre que ce que vous êtes capable de réaliser. »

- Nelson Mandela

Je dédie ce livre à 2 personnes particulièrement méritantes :

Jérôme Batteux & Philippe Croizon.

Sommaire

Qu'est-ce que le Recueil d'Objectifs ?

Vivre et Rêver. Ces deux mots devraient perdurer toute notre existence, indissociables l'un de l'autre...

Tout l'art va consister à créer un recueil d'objectifs qui va vous accompagner tout au long de votre vie, pas simplement de votre carrière.

De nombreux managers présentent les objectifs de la même manière : ils doivent être « SMART ». Ce qui signifie que chacun d'entre eux a l'obligation de répondre à 5 critères, être :

- Spécifique,
- Mesurable,
- Accessible,
- Réalisable,
- Temporel.

Les désirs ainsi formulés tiennent compte de votre passé, de vos connaissances, de vos ressources physiques, économiques, intellectuelles... Bref, ils imposent à votre avenir des limites, des barrières, comme si vous étiez par définition inapte à aller plus loin, plus vite.

J'ai eu l'occasion d'assister à des séances de coaching particulièrement bien conçues, réalisées par des orateurs de qualité et qui assurément savaient de quoi ils parlaient. J'ai donc moi aussi commencé par me fixer uniquement des objectifs « SMART ».

Et si cette méthode semblait au demeurant convenir à certains, je dois avouer qu'elle n'a eu qu'un maigre impact sur mes résultats. Pourquoi ? Parce que cette façon de penser et de travailler ne correspondait pas à ce que je recherchai. En fait, je n'avais pas envie de poursuivre dans la voie de ce que les circonstances de la vie avaient décidé pour moi. Et cette façon de planifier ses années à venir consistait à continuer tout simplement en plaçant des paliers qui de toutes façons devaient arriver.

Et si j'avais envie de rêver ?

Et si je désirais des choses folles, accomplir des exploits individuels dont aujourd'hui je me sentais incapable, sortir de la torpeur créée par l'habitude et les convenances ?

Pourquoi, après tout, devais-je me contenter du banal alors que la vie a tant à offrir ? Et puis la méthode « SMART » n'est-elle pas qu'une solution offerte aux chefs pour obtenir de leurs équipes qu'elles travaillent assidument, selon les objectifs qu'eux-mêmes ont fixé, sans tenir compte des besoins réels des individus ?

Ce dont nous allons parler ensemble, c'est de bien plus que de cela. C'est de votre vie. De vos envies, de vos désirs les plus profonds, de ce qui va vous faire vous lever jour après jour, avec dynamisme et volonté. De choses qui ne sont donc pas vraiment calculables.

Le recueil d'objectifs se crée le jour où l'on décide de le vivre. Il est possible d'avoir dix ans comme 61 ans, peu importe. Que vous ayez un emploi salarié ou non, que vous soyez étudiant ou chef d'entreprise, que vous soyez retraité ou collégien, il est temps de vous donner les moyens de vivre vos rêves.

Un professeur d'économie surdiplômé m'a dit un jour « Ceux qui réussissent ne savent généralement pas qu'il n'est pas possible de le faire. » Si vous n'avez aucun diplôme, cela tombe bien, puisqu'il n'y en a pas besoin. Et si vous êtes diplômé comme nous d'une grande école de commerce, oubliez qu'il y a des règles bien établies et voyez au-delà de vos limites.

Les rêves sont faits pour être vécus.

Il est temps de les vivre.

Pourquoi écrire ses objectifs ?

Des études ont démontré la différence essentielle entre les 5% des humains les plus riches et les 95% autres. Les 5% se sont donnés des objectifs et ils s'y tiennent.

Quant aux 95% qui n'atteindront jamais la richesse, ils ne se fixent généralement des objectifs que lorsqu'il s'agit de partir en vacances. Ils programment, recherchent les meilleurs prix et les meilleurs endroits, travaillent pour mettre en place le programme d'une semaine de leur vie ; et cela année après année. Par contre, quand il s'agit de programmer leur vie et leur réussite, ils n'en voient généralement pas l'intérêt.

Imaginez que vous choisissiez de partir en vacances mais ne programmiez rien, vous absteniez de réserver quoi que ce soit et d'en parler même aux personnes avec qui vous souhaiteriez partir. La veille du départ, vous appelez vos amis et leur dites « Demain on part en vacances !». Aux questions « Où ça ? » et « Comment ? » vous répondez « Je sais pas... ».

Quelle est la chance pour que vous partiez dans un bel endroit avec vos amis dans d'excellentes conditions ?

Pourquoi voudriez-vous qu'il en soit autrement dans votre vie, si vous ne programmez rien ? C'est ce qu'ont compris les 5% des humains les plus riches. Mais ce n'est pas tout.

Car sachez que sur les 5% les plus riches, qui ont tous à l'esprit en permanence leurs objectifs de vie, il n'y en a qu'une minorité qui ont écrit avec application leurs objectifs les plus importants. Et à votre avis qui se trouve être cette minorité ? Ce sont les milliardaires.

Connaissez-vous Philippe Croizon ?

Ce Français a 26 ans lorsqu'il subit l'amputation de ses 4 membres, au terme d'une centaine d'heures d'anesthésies et d'opérations. Dit autrement, il n'a dès lors plus ni bras ni jambes. Imaginez-vous juste un instant à sa place...

Tout alors dans sa vie se retrouve limité par les contraintes. Il devient impossible d'avancer autrement qu'en fauteuil roulant ; ne parlons même pas de la perspective de faire du sport, ou même tout simplement d'écrire, de dessiner... Si vous étiez Philippe Croizon et que vous deviez vous fixer des objectifs « SMART », qu'est-ce que vous pourriez bien programmer pour votre futur ?

Lui a décidé de sortir de sa zone de confort, de ne pas se plier aux exigences imposées par sa nouvelle vie. Il a commencé par réapprendre à marcher, avec l'assistance bien entendu des outils possibles. Puis il a fait le nécessaire pour pouvoir s'installer de nouveau au volant d'une voiture pour la conduire. Est-ce tout ? Oh non !

Sa passion était la mer, plus particulièrement la plongée sous-marine. Il a réussi à poursuivre sa passion, allant même au-delà de ce qu'il faisait alors qu'il avait encore l'intégralité de ses bras et de ses jambes. Car il a poussé le dépassement de soi jusqu'à traverser la Manche à la nage, en septembre 2010. Il est le premier homme amputé des quatre membres à avoir réalisé cet exploit hors normes.

Entre deux, il a publié son propre livre, qu'il a rédigé à l'aide d'un logiciel de reconnaissance vocale. Son titre : *J'ai décidé de vivre*. Il y a raconté son combat. Et il ne s'est pas arrêté là dans l'écriture, devenant un modèle de positivisme dans ses autres ouvrages, *J'ai traversé la Manche à la nage*, *Plus fort la vie* et enfin *Pas de bras, pas de chocolat*.

Son credo : « J'espère être un symbole du dépassement de soi. »

Et ce n'est pas tout ! Il a relié les cinq continents à la nage, atteint la 48ème place au Paris-Dakar pendant lequel il a conduit à l'aide d'un joystick attaché à son bras, il détient le titre de Record du Monde de plongée pour un amputé des quatre membres... et il a reçu de multiples récompenses, dont le titre de Chevalier de la Légion d'Honneur. Ajoutons à cela qu'il est devenu chroniqueur sur France 5, consultant pour France Info, et conférencier. Rien de moins !

Tout cela était-il :

- Spécifique,
- Mesurable,
- Accessible,
- Réalisable,
- Temporel ?

Assurément, non.

Philippe Croizon a décidé de vivre à fond, dans le dépassement de soi et avec une énergie nouvelle.

Il aurait pu se contenter de juste continuer de vivre. Vous savez, ce que font la majorité des personnes lorsqu'elles considèrent que les problèmes qui se présentent à elles sont totalement insurmontables...

Voyez ce qu'il déclare dans son incroyable livre *J'ai décidé de vivre* :

« J'ai souvent entendu dire qu'il aurait mieux valu que j'y reste, qu'il n'est pas "humain" de vivre comme ça.

Vous allez voir un peu si ce n'est pas humain, vous allez voir à quel point on va puiser, dans ces cas-là, dans ce qu'il y a de plus profondément humain en soi, des forces insoupçonnées, des sensations nouvelles ! »

De même, je connais un agent immobilier aveugle. Cela vous semble fou ? J'imagine pour ma part la tête de ses clients lorsqu'ils font une première visite avec lui. « Mais... comment il va faire ? » Hé bien rassurez-vous, il réalise ses tâches avec beaucoup d'attention, de plaisir, et ça marche !

Vous connaissez certainement vous aussi des personnes qui ont un métier ou une passion qui vous surprend. Il serait tellement simple pour eux de se contenter de choses « à leur portée ». Ou, en tout cas, qui correspond à ce qui est communément accepté.

Comme Jérôme Batteux, mon ami cycliste, qui souffre pourtant de cardiopathie congénitale. Ce qui signifie qu'il a depuis sa naissance une malformation du cœur qui a engendré des opérations et qui ne peut guérir. Je lui donne la parole : « J'ai une Tétralogie de Fallot depuis ma naissance, ma première opération a eu lieu à l'âge de 3 mois, j'ai subi une seconde opération à l'âge de 9 mois, la troisième opération a eu lieu en février 2012 à l'âge de 34 ans. » Peut-être le croiserez-vous un jour sur les routes, au guidon de son vélo, sur un parcours de 150 à 225 kilomètres (en une journée).

Ne sont-ce pas là de magnifiques exemples de dépassement de soi ? Et vous, qu'est-ce qui vous empêche d'accomplir de belles et grandes choses, qui vous font envie ? Êtes-vous certain que ces problèmes sont plus importants que ceux rencontrés par Jérôme, Philippe ou tant d'hommes et de femmes qui ont fait du dépassement de soi un plaisir ?

Le dépassement de soi

Ce Recueil d'Objectifs a pour raison d'être cet unique objectif : vous permettre d'aller au bout de vos rêves, quelles que soient vos contraintes actuelles et futures.

Pour cela, bien entendu, vous avez toute la vie devant vous. Il ne s'agit pas de programmer les 6 mois à venir, mais au contraire de faire devenir vos rêves les plus fous avant le terme de votre existence.

Rappelez-vous comment vous étiez, enfant. Vous savez, avant que l'on vous explique chaque jour que non, tout n'est pas possible.

Mais sans envies folles, sans le plaisir du dépassement de soi, jamais aucun humain n'aurait volé, la lumière cesserait toujours lorsque le soleil se couche puisque l'électricité comme l'ampoule figureraient encore et à jamais dans les livres de science-fiction.

Alors, quels sont vos rêves d'enfant ? Je vous propose de redevenir le petit être que vous étiez mais avec vos envies actuelles. De cesser de voir le monde comme un espace limité par votre vécu, votre expérience, vos capacités, pour enfin vous dire que tout est possible.

J'ai rencontré plusieurs personnes, de différentes catégories sociales, qui ont mis en place leur recueil d'objectifs et lui ont donné vie, simplement parce qu'elles ont commencé à y croire. L'une d'entre elles souhaitait apprendre à piloter un avion, visiter plusieurs pays, apprendre une nouvelle langue, rencontrer sa star préférée et tant d'autres choses... et elle l'a fait, alors que rien à l'époque ne lui permettait d'envisager en réaliser ne serait-ce que la moitié.

Lorsque j'ai mis en place ma propre liste, il y a 7 ans, j'y avais indiqué : publier mon premier livre, donner en mains propres un de mes ouvrages à un président de la République ou un Premier ministre, gagner 1 an de SMIC en 1 mois, être invité pour donner des conférences à l'étranger, être orateur à une Convention annuelle, etc. Toutes ces choses, je les ai accomplies d'une manière spectaculairement simple, comme tant d'autres. Pourtant, aucune n'était une évidence.

Quand j'étais petit, j'avais bien entendu de nombreux rêves, tous brisés par le sempiternel « Arrête de rêver ! », lancé par ma mère et tous ceux qui, élevés selon la pensée généralement acceptée, estiment qu'il faut « savoir se contenter de ce que l'on a ».

Pourquoi devriez-vous vous contenter de ce que ceux de votre entourage ont réussi ? Lorsqu'un ami vous dit que vous ne pouvez pas faire quelque chose, en fait, que veut-il réellement dire ? Que lui est incapable de l'accomplir. Si vous voulez créer votre entreprise mais que dans votre environnement vous n'avez que des personnes qui n'ont jamais osé se lancer, il est parfaitement logique que celles-ci vous déconseillent de vous mettre à votre compte. L'inconnu fait peur !

Et cet inconnu qui effraie, c'est tout autant réaliser des exploits que simplement réussir ses rêves. N'avez-vous jamais entendu parler de quelqu'un qui avait « peur de réussir » ? Cette notion a de quoi déranger, mais elle est particulièrement vraie : il y a de très nombreuses personnes qui ont peur de la réussite. En fait, elles n'y croient pas, même lorsque le succès est à portée de main. D'un seul coup, cela leur semble trop simple... il doit y avoir un loup, se disent-elles. Et elles refusent cette réussite pour embrasser comme un sauveur l'échec. « Ah, je me disais bien que ça ne pouvait pas marcher aussi vite ! » se lancent-elles alors. Ne soyez pas comme cela, acceptez de réaliser vos rêves les plus fous et croyez fortement que vous allez les atteindre.

Comme le disait si bien Henry Ford, « Que vous pensiez pouvoir le faire ou pas, vous avez raison. »

Rendre les choses positives

Dans la liste d'objectifs que vous allez réaliser, il est nécessaire que vous n'indiquiez que des phrases et des mots positifs. Si cela semble être une évidence, il arrive bien souvent que des idées à priori bonnes s'avèrent en réalité négatives.

Par exemple :

- « perdre 10 kilos » est à remplacer par « atteindre mon poids de forme de 70 kilos » ;
- « avoir une hygiène saine » est préférable à « arrêter de fumer » ;
- « ne plus dépenser d'argent dans les jeux » peut aisément se traduire par « gérer convenablement mon argent en plaçant xxx€ par mois » ;
- si le célibat ne vous convient pas, ne l'écrivez pas mais parlez de vie de couple, de mariage, de vie de famille heureuse...

Pourquoi cela ?

Si je vous dis « Surtout, n'imaginez surtout pas, mais surtout pas votre mère avec des bigoudis dans les cheveux, un nez de clown, des lunettes roses fluorescentes, une robe verte avec des petits cœurs caca d'oie et des talons de 50 centimètres de haut », que se passe-t-il ? Vous le visualisez, votre cerveau tend à y donner vie. Pourtant, je vous ai bien dit en préambule de la description de ne surtout, surtout pas l'imaginer.

Que vos phrases soient positives ou négatives, votre cerveau les perçoit et leur donne vie. Si vous nourrissez votre recueil d'objectifs d'éléments négatifs, que vous ne voulez pas, votre cerveau va vous faire imaginer exactement ce qui vous rebute et bien entendu c'est cela que vous allez atteindre.

Dans la phrase « Ne plus toucher le RSA de toute ma vie », le cerveau associe naturellement et inconsciemment les mots « RSA » et « vie ». Alors que la phrase « Vivre dans l'opulence toute ma vie » est tellement plus agréable à imaginer !

De même, votre recueil d'objectifs ne peut comporter à aucun moment le mot « jamais », puisqu'il est par définition le négativité absolue. Et qu'il engendrerait en vous un blocage inconscient.

Pour comprendre à quel point le cerveau ne connait pas les phrases négatives, il suffit de regarder un enfant évoluer. Si juste avant de traverser la route, la maman lance à son petit « Ne lâche surtout pas ton doudou », que va-t-il se passer ? J'ai eu l'occasion de le voir à plusieurs reprises et avec plusieurs enfants : bien souvent le doudou termine sur le bitume !

Au contraire, lorsque la maman dit « Tiens bien ton doudou, surtout », il n'y a jamais d'accident. L'enfant prend bien soin de serrer de toutes ses forces contre lui sa peluche.

Les nounous savent bien que plusieurs phrases sont ainsi à bannir, comme par exemple « ce midi, pendant le repas, tu ne te lève pas » ou « tu vas te coucher et je t'interdis de te relever. » Combien de parents lancent innocemment ce type de phrase contre-productive et s'étonnent du résultat : les enfants obéissent, associant les mots « repas », « coucher » et « se lever » !

Le cerveau d'un adulte fonctionne exactement de la même façon. Alors veillez à faire des phrases que votre subconscient va percevoir de la bonne façon. Une grande partie de la réussite du recueil d'objectifs dépend de cet aspect.

Si à un moment donné vous avez un doute lors de la rédaction d'un objectif, notez-le simplement sur une feuille et demandez-vous comment le transformer en quelque chose qui donne pleinement envie et qui soit 100% positif. Alors seulement inscrivez-le dans le recueil.

Des objectifs par étapes

Avant de faire 1 million d'euros, il faut commencer par en créer 1, puis 1000, puis 100 000. Logique, n'est-ce pas ?

Imaginez une jeune femme qui se lance un objectif à la manière d'un défi : « Dans 2 ans, je serais en couple avec un homme qui m'aimera et nous aurons deux enfants dans une grande maison. » Bien naturellement, elle est actuellement célibataire et n'a personne en vue pour construire sa nouvelle vie. Alors bien sûr, elle peut sans aucun souci trouver un conjoint dans les jours qui suivent. Mais la suite ne dépend pas seulement d'elle : il faut que celui-là ait les mêmes souhaits, dans les mêmes délais, qu'aucun des deux ne soit stérile et qu'ils aient suffisamment confiance l'un en l'autre immédiatement pour avoir des relations sans protection. Parce qu'une grossesse dure, quoi que l'on fasse, 9 mois. Et qu'à moins d'avoir des jumeaux, 2 fois 9 font d'entrée de jeu 18 mois, auxquels il faut ajouter quelques semaines entre deux... Quant à la maison, à moins qu'il ne soit déjà propriétaire, il faut là encore ajouter quelques délais, même s'il est vrai qu'en deux ans on trouve bien entendu sa demeure assez aisément. Bref, est-ce que cela est réellement réaliste ?

A contrario, elle peut inscrire dès à présent comme objectif :

1. trouver une personne avec laquelle j'aimerai vivre (en ajoutant des particularités, nous y reviendrons),
2. se mettre en couple,
3. avoir les moyens d'acquérir un bien immobilier,
4. s'installer dans une maison suffisamment grande pour accueillir une famille de 4 personnes,
5. avoir un premier enfant,
6. avoir un second enfant.

De cette manière, les objectifs deviennent d'abord réalistes, ensuite ils peuvent se mettre en branle dans un ordre ou dans l'autre (elle peut commencer par se trouver un conjoint et envisager l'acquisition d'une résidence familiale avant qu'une grossesse ne soit envisagée par exemple).

Aura-t-elle tout obtenu dans les 2 ans ? Certainement pas. Mais rien ne s'oppose à ce que dans les 2 ans elle en ait obtenu quasiment l'intégralité et que sa vie lui plaise déjà énormément.

J'ai connu un couple qui n'avait pas du tout compris que c'est par paliers que se vivent les objectifs. Ils avaient placé toute leur acquisition d'un bien immobilier sur 2 points :

- la croyance inébranlable qu'ils allaient avoir les moyens d'acheter une maison dans les 3 mois,
- la prière.

Alors qu'ils n'avaient strictement aucun euro, ils ont commencé par visiter des maisons. Lorsqu'ils en ont trouvé une qui leur plaisait, ils ont fait une offre d'achat au prix et ont signé un compromis. Ils ont refusé de rencontrer un courtier en prêt immobilier et ne sont même pas allés voir leur banque. En fait, ils savaient pertinemment qu'un prêt leur serait refusé. Mais ils ont prié, prié, prié, jour après jour, presque heure après heure, leur Dieu. À votre avis, que s'est-il passé 3 mois après ?

Ils se sont rendus chez le notaire, le jour convenu pour la signature de l'acte de vente. Mais ils ont avoué, penauds, n'avoir aucun centime à verser. Bien entendu, le couple vendeur a exigé le versement de 10% de la valeur du bien. Les acquéreurs se sont ainsi retrouvés avec une dette insupportable et les vendeurs avec deux biens sur le dos : celui qu'ils pensaient avoir vendu comptant et leur nouvelle acquisition. Bref, en 3 mois, deux familles ont commencé à vivre dans une situation particulièrement compliquée. Des objectifs de vie, cela se planifie dans la durée et se travaille avec intelligence. Si l'exemple (réel, je vous l'affirme) paraît complètement insensé, c'est malheureusement de cette façon que beaucoup agissent inconsciemment. Ne commettez pas cette erreur.

Certains auteurs, par ailleurs, évoquent la prière comme le meilleur moyen d'atteindre vos objectifs, évoquant un lien invisible entre l'inconscient et une puissance, même si l'on ne croit pas à Dieu. D'autres parlent de la Loi d'Attraction comme d'un élément qui permet à l'Univers de nous faire parvenir simplement parce qu'on le désire tous nos vœux.

S'il est vrai qu'avec beaucoup de volonté l'humain a les capacités nécessaires pour atteindre des objectifs, même les plus fous, dans des délais parfois irraisonnés, il ne faut pas tout mélanger.

Prenez un jeu de 52 cartes, mélangez-le correctement, puis désirez avec une volonté et une confiance sans limite les sortir dans le même ordre que lorsque vous l'avez acheté. Il n'y a strictement aucune chance que les couleurs se trient et que par couleur les cartes se suivent. Vous pouvez passer votre vie à faire et refaire le mélange en espérant atteindre cet objectif, jamais vous ne réussirez. Sachez que les chances pour obtenir ne serait-ce qu'une quinte flush royale, soit seulement 5 cartes de la même couleur et qui se suivent, sont de 0,000154 %. Alors de là à imaginer réussir l'exploit de mettre un paquet entier de 52 cartes dans le même ordre... Ce sont donc des objectifs forts mais humains que vous devez atteindre. Et bien sûr mettre en place des actions pour cela.

Par exemple, est-il possible aujourd'hui pour une personne sans ressources de gagner 1 million d'euros ? Oui. Cela se voit chaque année. Mais ne comptez pas sur les loteries pour la réalisation de cet objectif. Vos chances sont en effet infinitésimales. À contrario, en voulant absolument atteindre cet objectif dans des délais raisonnables, vous allez mettre en route votre cerveau pour qu'il trouve des solutions pour obtenir cet argent. Et il faut alors accomplir le nécessaire, dicté par notre intelligence, pour espérer la réalisation de cet objectif.

Ceux qui se sont intéressés à la Loi de l'Attraction ont pu noter qu'il s'agit d'une croyance basée, entre autre, sur ce que Jésus aurait dit dans le *Nouveau Testament* : « Demandez et vous obtiendrez, frappez et l'on vous ouvrira. » Sauf que ce même Jésus a aussi déclaré que « la foi sans les œuvres est morte. » Croire avec certitude que quelque chose va arriver n'est en effet pas suffisant : il faut se mettre au travail, aller dans le sens de ce que nous suggère notre cerveau. Sinon, strictement rien ne se passera.

À votre avis, lorsque Philippe Croizon a choisi de traverser la Manche à la nage, est-ce qu'il s'est contenté de se jeter à l'eau ? Après tout, si la Loi de l'Attraction consiste juste à souhaiter les choses pour qu'elles se réalisent, il serait assurément arrivé en Grande-Bretagne sans encombres, non ? Bien évidemment, c'est tout le contraire qui s'est passé. Il a étudié la possibilité d'atteindre son objectif, s'est fait accompagner de professionnels et a obtenu du matériel de qualité pour lui permettre de ne pas finir noyé dans un port français. Il avait la foi, la certitude qu'il allait accomplir cet exploit. Il a réfléchi à la manière de le réaliser. Et il l'a fait. Et il a renouvelé cet exploit en d'autres lieux.

Prenons une autre illustration. Si vous voulez obtenir un paquet de cartes bien rangé, il y a une unique solution, pas deux : faire soi-même le tri entre les 52 cartes à jouer. Vous allez travailler par étapes. Il est logique de d'abord les classer par couleur ; carreau, pique, cœur, et enfin trèfle ; puis de positionner chaque carte l'une après l'autre, dans le bon ordre. L'objectif d'avoir un paquet de cartes bien rangé se trouve être extrêmement simple, à la portée de n'importe qui. C'est exactement ce que vous devez faire pour vos objectifs : mettre des étapes pour que tout se fasse dans un ordre correctement établi. Si vous ne misez que sur la chance et sur les autres, soyons clair, vous n'arriverez à rien.

En réalité, en écrivant son recueil d'objectifs, il s'agit d'ouvrir son esprit aux opportunités qui vont permettre d'atteindre les objectifs que nous nous sommes fixés.

C'est là que la foi intervient. Une foi forte d'abord en soi-même, en ses capacités. Quelqu'un qui ne croit pas en lui n'atteindra jamais le moindre objectif. Une phrase de Martin Luther King Jr est particulièrement connue, qui va dans ce sens : « Faites votre premier pas avec foi. Vous n'avez pas besoin de voir tout l'escalier, montez seulement sur la première marche. »

Vous allez dans le recueil d'objectifs instituer les différentes marches de votre avenir. À vous de visualiser chaque étape l'une après l'autre, et de les laisser se mettre naturellement en place l'une après l'autre, dans l'ordre qui leur conviendra le mieux.

Pour commencer, visionnez donc un objectif de vie important puis subdivisez-le en de multiples étapes. Chacune devient alors un objectif à part entière. Et en lisant et relisant en permanence chacun de ces objectifs, vous aurez la conviction que tous peuvent être atteints. Des solutions nouvelles vont s'offrir à vous naturellement et vous allez, en effet, trouver une réussite incroyable dans chaque objectif, qu'il soit petit ou immense.

Faut-il partager ses objectifs ?

Si vous êtes en couple, il peut être intéressant que vous réalisiez chacun de votre côté votre propre recueil d'objectifs. C'est en fait comme un cahier intime, on y met ses vœux les plus chers et s'ils concernent pour certains ceux que l'on aime (famille, amis, animaux...) pour d'autres il va s'y trouver des objectifs purement personnels et individuels.

Par contre, je vous invite à parler avec votre conjoint de ses attentes, de ses rêves, de ses envies. Ce travail va vous permettre de faire naître des objectifs que vous pourrez partager avec les personnes aimées. Parlez ensemble de ces objectifs que vous ajoutez dans le recueil. Cela créera de plus un lien très personnel avec la personne que vous aimez. Elle saura que vous fixez votre futur également en fonction de ses souhaits. N'est-ce pas une belle preuve d'amour ?

Nous savons aussi que les plus grands moteurs pour avancer dans la vie sont les membres de sa propre famille. Il est donc logique que ces derniers puissent apporter eux aussi leurs attentes dans la vie, des désirs que nous prendrons plaisir à réaliser à leurs côtés.

Ce livre est précieux. Il doit devenir un bien auquel vous tenez beaucoup. Une de ces choses que l'on ne prête pas, que l'on conserve à l'abri des regards. Plus vous attacherez à ce recueil d'objectifs de la valeur, plus ce qu'il contient, c'est à dire vos objectifs et votre vie future, vont acquérir de valeur à vos yeux. Il en sera de même pour les membres de votre famille à qui vous aurez pu exposer vos objectifs. Parfois, c'est l'un de ceux que vous aimez qui vous aidera à la réalisation de votre ambition ou de votre souhait. Parce qu'il saura que cela compte pour vous et qu'il aura envie de vous faire plaisir.

Alors ne vous empêchez surtout pas de parler de votre recueil d'objectifs et de ce que vous y écrivez.

Visualisez vos objectifs

Je souhaite vous rapporter ce que Phil Night, fondateur de Nike, raconte dans son livre autobiographique *L'art de la Victoire*[1].

> *« Nous avons trouvé une maison à Beaverton. Elle était plutôt petite, seulement 160 mètres carrés, mais il y avait un demi-hectare de jardin, un petit enclos pour chevaux et une piscine. Il y avait aussi un énorme pin devant la maison et des bambous japonais derrière. J'adorais cette maison et je n'hésitais pas à le dire. Quand j'étais enfant, mes sœurs m'ont demandé plusieurs fois à quoi ressemblerait ma maison idéale et elles m'ont tendu un jour un crayon de bois pour que je le dessine. Après que Penny et moi avons emménagé, mes sœurs m'ont apporté le dessin que j'avais réalisé. C'était exactement la maison de Beaverton. »*

À l'époque (il a acheté cette maison en 1969), personne ne parlait de faire des listes d'objectifs et la notion même de développement personnel était plutôt vague. Le coaching n'avait pas le

---

[1] *L'Art de la Victoire*, Phil Night, 2017, Hugo Poche

vent en poupe. Et la programmation neurolinguistique (PNL) n'est apparue quant à elle qu'en 1973. S'il a dessiné la maison de ses rêves, c'est uniquement parce que ses sœurs lui en ont fait la demande. Toutefois, en accomplissant ce simple et agréable travail, à savoir représenter physiquement son objectif, il s'est autorisé à visualiser sa future demeure. Et il l'a inscrite ainsi mentalement dans son recueil d'objectifs.

De nombreuses personnes ont ainsi instinctivement créé à partir de dessins et de photos leur avenir. Ne sous-estimez jamais le pouvoir de la visualisation !

Vous devez donc, pour chaque objectif, le détailler au mieux.

Par exemple, vous souhaitez rencontrer une personne avec laquelle partager votre vie. Notez les qualités que vous attendez d'elle, et même des caractéristiques physiques. Si vous êtes trop timide pour parler avec aisance aux personnes qui vous plaisent, en visualisant régulièrement dans votre recueil d'objectifs une photo de votre idéal, vous serez plus à l'aise le jour où vous le croiserez.

Et s'il s'agit d'une maison ou d'une voiture, imprimez ou recherchez dans un magazine ce qui vous plait le plus et collez directement la photo dans ce livre. Votre recueil d'objectifs doit être plus que parlant : il doit être vivant, empli de vous, de ce que vous êtes et de ce que vous désirez pleinement.

Fêtez vos objectifs atteints

Chaque petit objectif fait partie d'un tout, d'un plus grand objectif, de la réalisation de votre vie selon vos désirs les plus chers. Et pour chaque souhait atteint il va falloir impérativement que vous fêtiez dignement cette étape.

Pourquoi cela ?

Dans ma carrière de Manager, j'ai de nombreuses fois constaté que les personnes ont tendance à se rappeler de leurs échecs et bien peu de leurs réussites. Pourtant, notre vie est ponctuée de choses que nous avons faites avec brio ; de petites comme de très grandes.

Combien de fois vous est-il arrivé de vous coucher le soir en vous disant « Oh j'ai pas encore fait ça ! » avec un malaise immédiat ? Vous sentez que la nuit va être difficile, voir très courte... D'un autre côté, combien de fois vous êtes-vous couché après une journée de travail en vous disant « aujourd'hui, j'ai fait aboutir ce projet et j'en suis fier » ?

Lorsque l'on demande aux personnes de chiffrer le nombre de couchers en étant stressé ou satisfait, on réalise que la majorité d'entre nous ont du mal à se remémorer toutes les petites réussites quotidiennes.

C'est comme lorsque vous demandez à quelqu'un de vous raconter ses anecdotes de travail. Une serveuse va évoquer le verre renversé sur un client, une coiffeuse le ciseau qui a pris une direction inattendue, etc. Bref, des échecs, souvent bien drôles (après coup).

On se souvient également plus longtemps du client horrible, qui beuglait, sentait mauvais, lançait dix gros-mots à la seconde ou racontait des blagues déplacées à des personnes qui n'avaient rien demandé et qui visiblement n'appréciaient que bien peu cet humour.

Bref, nous sommes tous comme ça, avec cette tendance à nous remémorer, comme s'il s'agissait de moments importants, des actions ou personnes négatives, des choses que nous n'avons pas réussies.

Lors d'un mariage, le couple est sur l'estrade devant ses quelques dizaines d'invités, tous les yeux sont orientés vers eux. Elle comme lui prennent le micro, les gens sourient et rient, tout va pour le mieux. Et juste avant de rendre le micro, le marié dit une petite phrase qui peut, mal comprise, être considérée comme extrêmement machiste. Ce qu'il n'est absolument pas d'ailleurs... Un silence d'incompréhension suit, le marié descend de la scène blanc comme un linge en se disant « Mais qu'est-ce que j'ai raconté là ? » et rapidement le Dj remet la musique. La soirée se poursuit normalement, tout va bien. Personne ne lui reproche quoi que ce soit, tout le monde continue de danser et de s'amuser.

Vingt ans plus tard, si vous demandez à cet homme ce dont il se souvient le plus de ce jour-là, il s'agit bien entendu de ce grand moment de solitude... Trente secondes sur 2 jours de fête !

Et nous sommes tous plus ou moins comme cela.

Pourtant, nous réalisons tous au quotidien de belles choses. Dans le recueil d'objectifs, vous allez indiquer des objectifs importants et de nombreuses étapes. Je vous propose que chacune de ces petites victoires soient fêtées. Pour que semaine après semaine, mois après mois, bref toute votre vie vous visualisiez le fait indéniable que vous réussissez ce que vous entreprenez et que vous atteignez, parfois de manière inconsciente, vos objectifs écrits.

Comment fêter vos objectifs ?

De deux façons : d'abord en les mettant en valeur dans votre recueil d'objectifs ; ensuite en faisant de ces instants des jours particuliers.

D'abord, donc, en les mettant en valeur.

Votre recueil d'objectifs va contenir des dizaines d'objectifs tous distincts ; certains seront des étapes, d'autres des vœux très chers et totalement différents des autres. Ce sont tous de bonnes raisons d'aller de l'avant.

Régulièrement, vous allez atteindre l'un de ces objectifs. Vous devrez alors prendre un surligneur ou des crayons de couleur et mettre en valeur votre objectif atteint. Que la feuille devienne ainsi un feu d'artifice.

Mois après mois, années après année, votre recueil d'objectifs va se fleurir, prendre de la couleur, devenir une fête pour les yeux. Vous allez, en tournant les pages, voir immédiatement à quel point vous réussissez.

Et si à un moment dans votre vie (cela arrive à tout le monde) vous avez un moment difficile, des doutes, des incertitudes sur vous-mêmes et sur vos capacités, il vous suffira de regarder ce recueil. Et cela sera extrêmement stimulant pour la suite !

En se colorant, le recueil d'objectifs va aussi devenir comme un excitant : vous allez avoir envie d'aller encore plus loin, plus vite, pour colorer toujours plus les pages du livre. C'est un défi plaisant, exaltant, qui va s'offrir à vous. Vous aurez hâte de confirmer, encore une fois, que vous progressez sans cesse. Et donc, vous allez atteindre encore plus d'objectifs. C'est un superbe cercle vertueux !

La deuxième façon de fêter ces objectifs atteints est d'en faire des jours particuliers.

Accordez-vous des instants de bonheur et de douceur. Ce peut être simplement ouvrir une bonne bouteille avec un ami, un associé ou un membre de votre famille. Si c'est un petit objectif atteint, offrez-vous un petit quelque chose, différent de votre quotidien et qui marque le coup.

Par exemple, si vous êtes fan de chocolat, offrez-vous le plaisir d'entrer chez le meilleur chocolatier du coin et payez-vous un petit plaisir. Photographiez-le, partagez-le avec les autres en expliquant que vous fêtez par une petite douceur l'atteinte de l'un de vos objectifs de vie. Pour cela, faites un sms à vos amis proches ou mettez-le sur les réseaux sociaux. Ne rentrez pas dans le détail ; vos amis auront plaisir à vous féliciter, ce qui renforcera encore votre joie d'avancer vers votre réussite personnelle.

Les plus grands objectifs atteints se fêtent bien entendu par des plaisirs plus grands : restaurant, massage, week-end en relais-et-château... Je parie que vous avez bien des idées de plaisirs de qualité, qui vous feraient un grand bien.

Mieux : fêtez la réussite par la réalisation d'un autre objectif. Par exemple, si vous fêtez l'atteinte d'un revenu élevé, offrez-vous pour la circonstance le voyage de vos rêves !

Par la fête, vous aurez encore plus hâte d'atteindre votre prochain objectif... Alors faites-vous plaisir.

Votre Recueil d'Objectifs

Chaque page gauche vous permet d'ajouter de nouveaux objectifs. Tâchez d'en ajouter 1 chaque jour. Et relisez chacun d'entre eux immédiatement. Prenez le temps de le faire, que ce soit le matin, le midi ou le soir. Dans tous les cas, cette action doit être assimilée à un travail, en ce sens qu'elle est indispensable. Mais un travail très agréable, puisqu'il s'agit de la création de votre vie actuelle et future. Et n'oubliez pas de détailler chaque objectif et de le rendre positif...

Sur chaque page de droite, je vous invite à dessiner ou coller une photo de votre ou vos objectifs les plus importants de la page de gauche. Ce faisant, en lisant chaque jour vos objectifs, prenez le temps de visualiser, de rêver au plaisir que vous aurez à posséder ce que vous avez inscrit.

Amusez-vous bien et je vous souhaite une belle réussite de votre vie !

Le Recueil d'Objectifs

1 _____

_____

_____

2 _____

_____

_____

3 _____

_____

_____

4 _____

_____

_____

5 _____

_____

_____

6 _____

_____

_____

7 _____

_____

_____

Mes objectifs en images

8 _____

_____

_____

9 _____

_____

_____

10 _____

_____

_____

11 _____

_____

_____

12 _____

_____

_____

13 _____

_____

_____

14 _____

_____

_____

Mes objectifs en images

15 _____

_____

_____

16 _____

_____

_____

17 _____

_____

_____

18 _____

_____

_____

19 _____

_____

_____

20 _____

_____

_____

21 _____

_____

_____

Mes objectifs en images

22

_____

_____

_____

23

_____

_____

_____

24

_____

_____

_____

25

_____

_____

_____

26

_____

_____

_____

27

_____

_____

_____

28

_____

_____

_____

Mes objectifs en images

29 _____

_____

_____

30 _____

_____

_____

31 _____

_____

_____

32 _____

_____

_____

33 _____

_____

_____

34 _____

_____

_____

35 _____

_____

_____

Mes objectifs en images

36

_____

_____

_____

37

_____

_____

_____

38

_____

_____

_____

39

_____

_____

_____

40

_____

_____

_____

41

_____

_____

_____

42

_____

_____

_____

Mes objectifs en images

43

_____

_____

_____

44

_____

_____

_____

45

_____

_____

_____

46

_____

_____

_____

47

_____

_____

_____

48

_____

_____

_____

49

_____

_____

_____

Mes objectifs en images

50 _____

_____

_____

51 _____

_____

_____

52 _____

_____

_____

53 _____

_____

_____

54 _____

_____

_____

55 _____

_____

_____

56 _____

_____

_____

Mes objectifs en images

57

_____

_____

_____

58

_____

_____

_____

59

_____

_____

_____

60

_____

_____

_____

61

_____

_____

_____

62

_____

_____

_____

63

_____

_____

_____

Mes objectifs en images

64
_____

_____

_____

65
_____

_____

_____

66
_____

_____

_____

67
_____

_____

_____

68
_____

_____

_____

69
_____

_____

_____

70
_____

_____

_____

Mes objectifs en images

71

_____

_____

_____

72

_____

_____

_____

73

_____

_____

_____

74

_____

_____

_____

75

_____

_____

_____

76

_____

_____

_____

77

_____

_____

_____

Mes objectifs en images

78

79

80

81

82

83

84

Mes objectifs en images

85

_____

86

_____

87

_____

88

_____

89

_____

90

_____

91

_____

Mes objectifs en images

Le Recueil d'Objectifs

92

93

94

95

96

97

98

www.mlm-heros.com

Mes objectifs en images

99

100

101

102

103

104

105

Mes objectifs en images

© Fabien MSICA & Alexandre CAUCHOIS
Collection MLM Héros / FASICA

Edition : BoD - Books on Demand

12/14 rond-point des Champs Elysées 75008 Paris
Impression : BoD - Books on Demand GmbH,
Norderstedt, Allemagne

ISBN 9782322094943

Dépôt légal : Février 2019

Modèle déposé